Créer un petit potager

Créer un petit potager

Denis Retournard

Éditions Rustica

Dépôt légal : février 2004
ISBN : 2-84038-510-4
N° d'éditeur : 48433
Premier tirage : février 2004

Sommaire

Avant-propos

Produire ses propres légumes procure toujours de grandes satisfactions. Les semer, les planter, les soigner, les voir se développer puis enfin les récolter sont autant de plaisirs variés et sains, toujours renouvelés, dont vous ne vous lasserez pas. Quand vous dégusterez ensuite laitues, radis, haricots, tomates ou carottes tout frais cueillis, vous vous direz que ces légumes ont une tout autre saveur et qu'ils sont bien plus croquants que ceux du marché : ce sera votre propre production.

Par ce livre, nous voulons vous transmettre les connaissances indispensables pour la culture des légumes. Nous vous indiquons comment concevoir votre potager, comment l'entretenir, comment le soigner, puis, sous forme de fiches, comment semer, planter et récolter chaque légume en particulier.

En suivant nos conseils, vous vous apercevrez que l'entretien d'un jardin potager est à la portée de tous : ce n'est ni difficile ni pénible, cela apporte même une réelle détente physique et mentale. Et quelle joie de servir à votre famille ou à vos amis les produits de votre jardin !

Il est aujourd'hui possible de jardiner sans jardin et de créer un petit coin de campagne en pleine ville : n'hésitez pas à mettre vos légumes en pots sur votre balcon. Si vous n'en disposez pas, tournez-vous vers une association gérant des jardins familiaux. Ces espaces verts fleurissent dans toutes les villes de France.

Denis Retournard

Installer le potager

Tout jardinier amateur se doit de connaître le principe suivant : dans un potager, les légumes doivent être beaux, savoureux et utiles. Beaux et savoureux, car avant de faire le bonheur du palais, les produits du potager doivent faire le plaisir des yeux. Utiles, car il faut rester dans des quantités de consommation raisonnables, et donc ne pas produire outre mesure.

Où créer le potager

Les légumes réclament beaucoup de lumière, de chaleur, d'eau et d'engrais.

Choisir le bon emplacement

Pour des raisons pratiques, le meilleur emplacement d'un potager est, bien sûr, à côté de la maison. Mais son choix dépend aussi d'autres conditions.

Réservez à votre potager la meilleure terre. Méfiez-vous des terres rapportées après construction. La **terre franche** brune et un peu fraîche, dite « terre à blé », est idéale. Mais il est possible de s'accommoder d'une terre peu fertile pourvu qu'elle ait au minimum 40 cm d'épaisseur car il sera toujours possible de l'améliorer.

Terre franche : terre perméable qui retient les éléments fertilisants.

Pour obtenir un potager bien productif, il est impératif de recueillir le maximum de chaleur solaire au printemps. Si le terrain est en pente, l'exposition doit être au sud, à la rigueur à l'est ou à l'ouest, mais jamais au nord. Si le terrain est plat, il est souhaitable qu'il soit abrité du nord par un mur ou par un écran de végétation.

Un potager doit présenter une forme carrée ou rectangulaire afin de permettre une disposition rationnelle des cultures. Évitez donc les emplacements en forme de triangle ou à contours irréguliers où il est difficile de travailler dans de bonnes conditions.

Enfin, l'idéal est d'installer votre potager à proximité d'un point d'eau. Dans le cas contraire, prévoyez une cuve permettant de recueillir l'eau de pluie.

Évitez d'installer le potager dans une zone d'ombre.

Comment disposer le potager

La façon de disposer un potager est fondamentale : elle doit avant tout permettre d'y travailler en toute saison de manière confortable.

Dessiner les allées

Ce sont les **allées** qui vont structurer votre potager et déterminer ainsi son organisation. Ne les tracez pas au hasard : leur disposition dépend de la forme initiale de l'emplacement que vous avez réservé pour votre potager.

Leur tracé

Si l'emplacement prévu pour le potager est à peu près carré, avec des côtés d'environ 10 m de long, divisez-le en quatre parties égales par deux allées en croix. Si c'est un rectangle très allongé mais de faible largeur, divisez-le aussi en quatre parties par trois allées transversales reliant deux allées latérales le long des grands côtés du rectangle.

La bonne largeur d'une allée est de 60 cm. Elle doit permettre de circuler facilement avec le matériel nécessaire à l'entretien du potager.

Leur revêtement

Les allées sont des lieux de passage fréquent qui se transformeraient en bourbier à la moindre pluie, si la terre restait à nu. La solution la plus esthétique consiste à semer du gazon, mais vous devrez passer la tondeuse une fois par semaine pendant la belle saison. Par ailleurs, le gazon risque de souffrir du piétinement lorsque la terre est gorgée d'eau. Une autre solution consiste à stabiliser les allées par un apport de sable, ou à les revêtir de dalles de ciment ou de pavés de type autobloquant. Cette dernière solution vous permettra de circuler au sec toute l'année.

Je conseille

*« Si les **allées** sont importantes, il faut aussi pouvoir ranger les outils. Je vous conseille d'installer un petit cabanon bien éclairé, qui fera aussi office de serre pour les premiers légumes du printemps. »*

Dans ce potager, les planches sont délimitées par des bordures en pierre.

Structurer les planches

Planche : plate-bande réservée à une culture précise.

La largeur idéale des **planches** varie de 80 cm à 1,30 m suivant les cultures. Leur longueur dépend bien évidemment de la largeur du terrain, mais une longueur de 5 m est suffisante et commode.

Prévoyez de séparer les planches par des sentiers de 25 à 30 cm de largeur, pour faciliter le passage entre les légumes lors de l'entretien et de la récolte. Ces sentiers ne seront pas installés définitivement puisqu'on les labourera en même temps que les planches entre deux cultures.

Préparer le sol

Presque tous les légumes exigent un sol profondément ameubli et abondamment fumé.

Ameublir le sol

Avant la première mise en culture, un labour profond est indispensable sur toute la surface du potager, afin d'ameublir le sol jusqu'à 40-60 cm de profondeur. Ce travail peut se faire à la main, mais il est préférable de le faire mécaniquement en louant une machine puissante.

Par la suite, vous effectuerez chaque année les opérations décrites ci-après.

Le bêchage

Bêchez toutes les planches libres. Faites un **bêchage** « à grosses mottes » sur 25 ou 30 cm de profondeur (la hauteur d'un fer de bêche). Ce travail constitue le meilleur ameublissement du sol, il aère la terre et permet l'action du gel et du dégel, laquelle assure un parfait émiettement des mottes en surface, à la fin de l'hiver.

Vous pouvez effectuer ce bêchage en hiver, période où il y a peu de travaux à exécuter dans le jardin. Profitez de cette opération pour enfouir le fumier ou le compost.

Le griffage et le ratissage

Ces deux opérations permettent d'ameublir la terre en surface. La première se fait à la griffe à long manche à quatre dents, la seconde avec un râteau de 40 cm de large.

Au printemps, sur les planches labourées en automne, effectuez un griffage sommaire pour égaliser le terrain. À la fin du printemps, passez une motohoue pour émietter soigneusement les mottes, puis ratissez pour obtenir une surface bien plate, avec une terre fine. Profitez-en pour incorporer de l'engrais.

Le griffage sert également à briser la croûte d'une terre trop tassée. C'est un travail assez fastidieux, mais très

mémo

Lors du **bêchage**, la terre des planches à retourner ne doit pas être gorgée d'eau. Le bêchage est donc à éviter après de fortes pluies.

Je conseille

« Je nettoie mes outils soigneusement après chaque opération. Je les graisse pendant les longues périodes de repos. En tout cas, je ne les abandonne jamais sur le terrain à l'humidité. »

L'abondance des récoltes dépend d'une bonne fertilisation mais aussi d'un bon entretien.

efficace. On utilise la griffe en la faisant glisser dans les mottes par un mouvement de va-et-vient.

Fertiliser le sol

Pour obtenir de beaux légumes, vous devez disposer d'une terre riche en **humus** et en éléments fertilisants. Un apport est indispensable car l'humus est détruit par les micro-organismes du sol et les engrais sont consommés en grandes quantités par les plantes potagères.

Vous devez apporter chaque année au sol :

- des **amendements** humiques : comptez par mètre carré 4 kg de fumier ou 500 g de fumier desséché pour maintenir la richesse en humus ;
- des engrais complets bien équilibrés : apportez par mètre carré 100 g d'engrais complet légumes et fruits.

Appliquez ces engrais en deux fois et doublez les doses pour les légumes les plus gourmands. Sur les légumes-feuilles, apportez en plus, en cours de végétation, un engrais riche en azote et à effet rapide, de type « coup de fouet ». Faites de même pour les cultures qui végètent.

Humus : matière de couleur noirâtre qui résulte de la décomposition des matières organiques végétales et animales.

Amendement : élément que l'on incorpore au sol pour en améliorer la composition physique.

En réservant au potager un emplacement abrité et bien ensoleillé, on crée un microclimat privilégié favorable à la culture des légumes et des arbres fruitiers.

La rotation des cultures

La rotation est la répartition des cultures dans le temps et leur ordre de succession sur une même parcelle

Cette pratique est destinée à éviter qu'une espèce de légume ne revienne au même emplacement avant moins de trois ans. En effet, si vous cultivez chaque année le même légume au même endroit, le rendement diminuera, la végétation s'affaiblira et des problèmes de maladies risqueront de s'installer, comme l'apparition de viroses. Chaque légume a ses exigences particulières, sa propre consommation de fertilisants, ce qui entraîne à la longue l'épuisement du sol.

Dans ce potager, les bettes à cardes multicolores alternent avec les plants d'oignons.

La rotation des cultures nécessite préalablement la division du terrain en parcelles, ou planches, sur lesquelles on répartira les cultures : c'est ce qu'on appelle l'assolement. Les planches peuvent être de surfaces inégales.

Le tableau ci-contre vous donne les grandes catégories de plantes potagères, et vous indique leurs exigences en éléments nutritifs. Il vous aidera à établir le plan des rotations des cultures de votre potager. Vous le conserverez jusqu'à la fin du cycle des rotations.

Sur un même emplacement, vous cultiverez successivement, année après année, un légume du groupe A par exemple, puis un légume du groupe B, puis un légume du groupe C, en évitant si possible que deux plantes de la même famille botanique se suivent.

Voici un exemple de rotation des cultures sur une planche : année 1 : céleri à côtes ; année 2 : haricot et chicorée ; année 3 : tomate ; année 4 : céleri à côtes de nouveau possible. Sur une autre planche, vous pouvez cultiver par exemple : année 1 : pois et poireau ; année 2 : carotte ; année 3 : oignon et mâche ; année 4 : pois et poireau de nouveau possibles.

LES GRANDES CATÉGORIES DE PLANTES POTAGÈRES

Groupes	Exigences	Catégories	Espèces	Familles
A	azote	légumes-feuilles	céleri à côtes	Ombellifères
			chicorée, laitue	Composées
			épinard, poirée	Chénopodiacées
			mâche	Valérianacées
			chou	Crucifères
			poireau	Liliacées
B	acide phosphorique	légumes-bulbes	ail, échalote, oignon	Liliacées
		légumes-graines	fève, haricot, pois	Légumineuses
C	potasse	légumes-racines	betterave	Chénopodiacées
			carotte, céleri-rave	Ombellifères
			pomme de terre	Solanacées
			radis	Crucifères
			salsifis, scorsonère	Composées
		légumes-fruits	aubergine, piment, tomate	Solanacées
			courge, concombre, cornichon, melon	Cucurbitacées
D hors assolement		légumes vivaces	artichaut	Composées
			asperge	Liliacées
			fraisier	Rosacées

Pour de meilleures récoltes, divisez le jardin en parcelles qui accueilleront, d'année en année, des cultures différentes.

La division du potager en quatre parties facilite la pratique de l'assolement. Trois parties reçoivent chacune un des groupes A, B ou C, en changeant chaque année de groupe. La quatrième partie est réservée aux légumes vivaces (groupe D), qui n'entrent pas dans l'assolement puisqu'ils restent plusieurs années en place.

Il n'est cependant pas toujours possible de respecter ces règles de façon stricte. En effet, surtout si votre surface est réduite, vous produirez souvent deux légumes successivement la même année sur un même emplacement.

Vous pouvez alors adopter une règle plus souple : contentez-vous d'éviter de cultiver successivement deux légumes d'un même groupe ou de la même famille botanique sur un même emplacement. Et attendez au moins trois ans avant de faire revenir un légume au même endroit.

Comment semer

La plupart des légumes se reproduisent par semis. Le semis consiste à faire germer des graines dans des conditions favorables, après les avoir mises en place (en pleine terre directement au potager) ou en pépinière, c'est-à-dire à l'abri.

Après le semis, des plants se développent très rapidement, de quarante-huit heures pour la chicorée à une semaine ou plus pour les autres légumes. Certains légumes comme la mâche, les radis ou l'épinard ne nécessitent pas de repiquage.

Semer en place

Avec ce type de semis, les plantes accomplissent la totalité de leur cycle végétatif au même emplacement. C'est le cas de tous les légumes-racines (betterave, carotte, navet, radis...), qui supportent mal la transplantation, et des légumes à croissance spontanée (épinard, mâche, oseille, persil...). Le semis en place s'effectue en suivant trois techniques (semis en ligne, à la volée ou en poquet) que l'on choisit selon la finesse et la nature des graines et leur développement ultérieur après le semis.

Le semis en ligne

Disposez les graines dans un sillon plus ou moins profond, en sachant qu'une graine doit être recouverte d'une fois et demie son volume. Ce genre de semis permet un entretien plus aisé que le semis à la volée.

Il existe des rubans autodégradables sur lesquels sont disposées des

Creusez un sillon rectiligne plus ou moins profond selon la grosseur des graines.

Graine enrobée : graine recouverte d'une pellicule qui favorise la croissance de la jeune plante et la défend contre les maladies et parasites.

graines enrobées, comme celles des carottes. En enterrant le ruban, on obtient un semis très homogène dans l'écartement ne nécessitant ni repiquage, ni éclaircissage.

Le semis à la volée

Répartissez la semence sur la surface préparée de la manière la plus régulière possible. Évitez de semer trop dru pour éviter un éclaircissage fastidieux.

Le semis en poquet

Semez de trois à cinq graines dans des trous répartis à intervalles satisfaisants. Cette technique convient par exemple aux cornichons, haricots, pois, fèves, melons...

Les semis en place doivent toujours être suivis d'un éclaircissage. Effectuez cette opération dès que vous pouvez saisir les plantes avec les doigts. Par exemple, il faut espacer les carottes longues de 8 à 10 cm. Pour ne pas déranger les plantes restant en place, arrosez après l'éclaircissage pour tasser de nouveau le sol au niveau des racines.

Le semis en poquet convient pour les grosses graines comme celles des haricots.

Semer en pépinière

Les semis en pépinière s'effectuent sous châssis, sous tunnel, dans une serre, ou encore en pleine terre dans un coin abrité et ensoleillé du potager. On pratique dans ce cas le semis à la volée, notamment pour tous les légumes qui ont besoin d'un repiquage pour renforcer leur enracinement, comme les laitues, les poireaux, les choux, etc.

Les légumes frileux, tels que les tomates ou les aubergines, se sèment

On peut fabriquer des tunnels chenilles avec des arceaux et du plastique pour hâter des semis au printemps.

en terrines ou en godets placés à l'intérieur, derrière une fenêtre et près d'une source de chaleur.

Réussir ses semis

La bonne germination des **graines** exige certaines conditions : un contact étroit entre la terre et la graine, beaucoup d'humidité, de la chaleur et une répartition homogène des graines.

Une bonne préparation du sol

Le premier secret de la réussite des semis réside dans la préparation du sol, car les graines ont leurs petites manies. Elles ne supportent pas les sols froids, secs ou mal ameublis, les arrosages irréguliers, etc. Elles ont besoin d'une température suffisante, d'air et d'eau pour germer. Pour faciliter la circulation de l'eau, tassez la terre après avoir enfoui les graines.

Une profondeur de semis adéquate

Enfouies trop profondément dans le sol, les graines risquent l'asphyxie. Plus une graine est petite, moins elle

Je conseille

*« Les grosses **graines** (haricots, pois...) étant plus lentes à s'imprégner de l'humidité du sol que les petites (tomates, carottes, laitues), la veille du semis, je les trempe dans un verre d'eau tiède pour bien les imbiber. »*

doit être semée profond (à 0,5 cm pour les laitues et les tomates ; de 0,5 à 1 cm pour les carottes et les radis ronds, de 1 à 2 cm pour les radis longs, de 2 à 4 cm pour les haricots et les pois). Pour ne pas semer trop dru, mélanger les petites graines à du sable ou de la cendre.

Une température suffisante

Les semences ont besoin de chaleur pour germer et donner ensuite une bonne levée. Ces besoins en chaleur sont différents selon les espèces. Les températures minimales du sol à respecter au moment des semis sont les suivantes : 8-10 °C pour les radis ; 10-12 °C pour les carottes, les petits pois, les laitues ; 12-15 °C pour les haricots ; 15-18 °C pour les tomates...

Les châssis abritent les cultures demandant un surcroît de chaleur momentané.

Vous choisirez l'emplacement des semis en fonction de ces températures du sol, mais aussi de la saison : à l'intérieur (en terrines ou caissettes pour les tomates en particulier), en pépinière (sous châssis ou sous tunnel pour les premiers semis à l'extérieur) ou directement en pleine terre. Après une période froide, attendez pour semer que le sol soit assez réchauffé. Soyez patient et n'oubliez pas que le premier rayon de soleil ne sera pas suffisant.

Un éclaircissage rigoureux

L'air et la lumière sont essentiels au bon démarrage des jeunes plantes. Pour des récoltes de qualité, les plantes ne doivent pas être trop serrées. Vous devez donc semer clair et éclaircir dès que les jeunes plantes atteignent 2 à 3 cm. N'oubliez pas de désherber rapidement après la levée

Cultures hâtives, cultures retardées

La cloche : une manière simple de protéger les jeunes plants contre les gelées.

Croquer les premiers radis, les pieds dans la neige, récolter les haricots verts alors que les gelées ont anéanti tous les légumes de l'été, cela ne nécessite ni matériel ni connaissances de professionnel.

Au potager, grâce à différents procédés, il est possible de tenter un **semis hâtif** de 15 jours à 3 semaines avant la date habituelle en plein air.

Tout d'abord, la solution la plus simple consiste à installer sa culture devant un mur bien exposé, ou sur une surface naturellement abritée par des bosquets, des haies, des palissades, ou encore des rideaux artificiels (bambous, joncs, brise-vent). Ensuite, il est possible d'utiliser les **cloches** traditionnelles en verre, cloches maraîchères fragiles mais très efficaces, des cloches en plastique, des tunnels de polyéthylène plus ou moins grands, adaptables à toutes les surfaces. Enfin, un peu de matériel, comme des **trames électriques chauffantes** sur une tension de 24 volts, permet de réaliser des prouesses. Ainsi, en tentant un semis à chaud, un amateur peut produire ses premiers plants du printemps dès la fin mars sous un climat moyen.

Pour obtenir une levée très rapide, il est conseillé d'utiliser des **graines enrobées**. Les plantules sortiront du sol avant les mauvaises herbes et pousseront vigoureusement. Inversement, réussir des **cultures retardées** n'est pas difficile. Il est possible de sauvegarder une cueillette de fin d'été avant qu'elle ne soit victime des premières nuits froides en la protégeant par des tunnels. Elle sera ainsi à l'abri des brouillards et des premières gelées. Par exemple, une planche de haricots de fin de saison produira presque 1 mois après sa voisine non protégée. L'épinard d'hiver pourra être cueilli pendant tout l'hiver.

Les nouvelles variétés

Des tomates parfaitement saines, des carottes à la chair bien colorée et au cœur tendre, des poireaux aux fûts bien réguliers et bien blancs..., ainsi sont les légumes obtenus à partir des semences des nouvelles variétés.

Les avantages des nouvelles variétés sont en effet spectaculaires. Grâce à elles, le jardinage est devenu plus facile : moins d'échecs, des plantes plus vigoureuses, une récolte plus abondante. Les plantes demandent moins d'entretien car, étant résistantes aux maladies, elles demandent moins de traitements chimiques.
La récolte est également facilitée. Par exemple, vous aurez le temps de ramasser vos radis avant qu'ils ne deviennent creux, un léger retard de quelques jours dans la récolte de vos haricots n'entamera pas leur qualité, et vos salades monteront moins vite à graines.

Les variétés hybrides les plus courantes sont les hybrides appelés « F1 ».
Ils sont issus du croisement de deux parents choisis pour leurs caractères complémentaires intéressants.
Par exemple, rendement et précocité pour un parent, qualité gustative et résistance à des maladies pour le second. Tout l'art des sélectionneurs est de trouver les meilleures combinaisons possibles.

Après des tests et des essais pendant plusieurs années, seuls les hybrides F1 les plus performants sont commercialisés. La production de semences de ces hybrides demande ensuite un travail long et minutieux. Cela explique que ces semences sont un peu plus onéreuses, mais leur surcoût est négligeable par rapport aux nombreux avantages qu'elles offrent.

pour éviter la concurrence des mauvaises herbes. Vos légumes n'en seront que plus beaux.

Quand semer pour récolter au bon moment

La durée de culture des légumes, c'est-à-dire le temps écoulé entre le semis et la récolte, varie selon les espèces, la précocité des variétés, le climat, l'altitude...

Les périodes de semis et de récolte indiquées généralement correspondent à des moyennes et peuvent être sensiblement différentes selon les régions. Il est donc prudent de bien connaître le climat de sa région afin de planifier ses récoltes. Dans la zone méditerranéenne et la bordure maritime, il est possible de semer quelques semaines plus tôt. Dans le nord de la France et les zones montagneuses, il est prudent d'attendre que les températures au sol le matin soient suffisantes pour obtenir une bonne levée. Dans tous les cas, en période froide, il vaut mieux semer à l'abri ou bien être patient.

Pour obtenir régulièrement des légumes toujours frais, il est préférable d'échelonner ses semis. Semez de petites quantités à plusieurs reprises, toutes les deux ou trois semaines par exemple. Vous obtiendrez ainsi des légumes au meilleur stade de récolte tout au long de l'année, pour le plus grand plaisir de toute la famille.

Comment planter

Le repiquage et la plantation des jeunes plantes sont des opérations délicates. Il convient de prendre toutes les précautions qui s'imposent.

Pour repiquer ou planter, évitez les moments de trop grande chaleur. Au printemps, plantez quand la température ambiante est agréable. En été, préférez le matin ou le soir, à la fraîche.

Si les plants sont petits et ont peu de racines, il est préférable d'employer un plantoir. Si les plants sont pris avec une motte de terre, s'ils ont beaucoup de racines, employez une houlette ou un transplantoir.

Mettez le plant à sa hauteur normale, le collet au niveau du sol. Il y a généralement moins d'inconvénients à enterrer un peu trop une plante que de tomber dans le défaut contraire.

Enfoncez le plantoir à 3 cm du bord du trou. Amenez le haut du plantoir contre la plante.

Assurer le contact entre les racines et la terre

Tassez soigneusement et assez énergiquement la terre que vous avez ramenée sur les racines, afin d'éviter les poches d'air autour des racines. Comme pour les graines, c'est le moyen de plus sûr d'éviter leur dessèchement.

Arrosez abondamment toute plante transplantée, même si le sol est très humide, même s'il pleut. Cet arrosage n'est pas seulement destiné à mouiller le sol : il a pour but de parfaire le contact de la terre avec les racines.

Les haricots à rames 'Saint Fiacre', une variété productive qui peut atteindre 3 m de haut.

Les légumes à racines nues

Ils doivent être mis en place immédiatement après l'arrachage. Enfoncez le plantoir verticalement dans le sol, installez le plant dans le trou en y allongeant convenablement les racines. Pour combler le trou, enfoncez une nouvelle fois le plantoir obliquement à 3 cm de distance et poussez la terre vers le trou où est disposé le plant.

Les poireaux doivent être repiqués profondément, de même que les choux qui doivent être enterrés jusqu'aux premières feuilles, mais les « salades » doivent être repiquées « flottant », c'est-à-dire que le collet doit se trouver juste au-dessus du niveau du sol.

Les soins après la plantation

De nombreuses espèces ont besoin d'être tuteurées et palissées (tomate, aubergine, haricot à rames, etc.), pincées, ébourgeonnées et taillées, opérations qui font ramifier, grossir ou qui limitent l'expansion des plantes.

Pour que le sol reste bien humide tout autour de vos plantes, vous pouvez répandre un paillis : paille, feuilles mortes, gazon coupé, tourbe... Vous éviterez ainsi les arrosages trop fréquents, et limiterez la repousse des mauvaises herbes.

Comment arroser

Les légumes ne doivent jamais manquer d'eau. C'est là une condition indispensable à leur développement rapide et à leur qualité.

Pour bien arroser

Mouillez le sol sur toute la profondeur explorée par les racines. Ne vous contentez pas d'humidifier la surface.

L'une des meilleures manières d'arroser un potager, c'est d'utiliser un arroseur raccordé au tuyau d'arrosage. Choisissez de préférence un arroseur oscillant et monté sur un traîneau afin de le retirer aisément après l'arrosage sans avoir à marcher sur le sol trempé.

Attention toutefois aux jeunes semis, plus sensibles au manque d'humidité. Leur arrosage se fera avec une pomme d'arrosoir très fine, plusieurs fois par jour.

Il est impératif d'arroser les plantes potagères, surtout après leur mise en place en pleine terre.

Savoir doser les apports d'eau

La quantité d'eau nécessaire varie suivant la nature du sol et son état de dessiccation, mais elle représente toujours des volumes importants allant de 15 à 30 litres par mètre carré.

Évitez d'apporter trop d'eau à la fois : vous tasseriez le sol et risqueriez de noyer les plantes en asphyxiant les racines. De plus, vous perdriez une partie des éléments fertilisants solubles apportés avec les engrais.

L'entretien des cultures

Le jardinier doit veiller sur son potager qui demande des soins constants. La sécheresse, les mauvaises herbes, les insectes, les maladies peuvent en effet compromettre ses récoltes s'il n'y prend garde.

Entretenir le sol

Biner : ameublir la terre autour des plantes sur une faible profondeur.

Sarcler : retirer les mauvaises herbes, à la main ou à l'aide d'un outil.

Le sol de votre potager doit rester propre, exempt des mauvaises herbes qui détournent à leur profit eau et éléments nutritifs. Au printemps, quand elles sont jeunes, éliminez-les en **binant** entre les rangs de légumes. Il vous faudra également **sarcler** à la main pendant la belle saison.

Par ailleurs, veillez à ce que la terre ne durcisse pas exagérément, ce qui empêcherait la pénétration de l'eau dans le sol. Pour casser cette croûte, utilisez une griffe.

Enfin, pensez aux pommes de terre, haricots, poireaux, etc., qui ont besoin d'être buttés, c'est-à-dire que leur pied doit être rechaussé avec de la terre. Opérez à l'aide d'une binette ou d'une houe.

Protéger les légumes

Les légumes ont de nombreux ennemis. Insectes, acariens ou champignons microscopiques apprécient beaucoup leurs racines, leurs feuillages et leurs fruits. Si vous n'intervenez pas, ils ne vous laisseront qu'une bien maigre récolte. Pour les combattre, vous devez intervenir sur plusieurs fronts à la fois.

- Avant même de semer ou de planter, essayez d'incorporer un insecticide dans le sol. Vous détruirez ainsi les ravageurs tels que le ver blanc et le ver fil de fer.
- Arrachez immédiatement les jeunes plants de semis attaqués au collet par un champignon. Les plants se cou-

chent au sol et donnent l'impression de « fondre », d'ou le nom de « fonte des semis » donné à cette affection.

■ Plus tard, vous devez encore protéger les feuillages de vos légumes contre les acariens et les maladies **cryptogamiques**. Appliquez les produits appropriés.

Respectez toujours scrupuleusement les doses et les conditions d'emploi indiquées sur les emballages des produits. Vos traitements auront ainsi le maximum d'efficacité et ne laisseront aucun résidu dangereux sur les légumes que vous récolterez.

Cryptogamique : qualifie la maladie provoquée par le développement de champignons microscopiques sur une plante.

Pour désherber, efforcez-vous de vous baisser en pliant les genoux, vous épargnerez votre dos.

mémo

Il faut absolument éliminer les mauvaises herbes avant qu'elles ne fleurissent et produisent des graines qui, en germant, viendront, encore en plus grand nombre, coloniser vos rangs de légumes.

LES ENNEMIS ET LES MALADIES AU POTAGER	
Altises	Petits insectes brillants attaquant surtout les jeunes plantes.
Araignées rouges	Parasites microscopiques redoutables de presque toutes les plantes.
Chenille	Dévore le feuillage de presque toutes les plantes.
Courtilière	Insecte de grande taille qui creuse des galeries superficielles dans le sol et coupe toutes les racines.
Loche ou petite limace	Mollusque le plus nuisible qui dévore les feuilles de presque toutes les plantes.
Puceron	Insecte très prolifique vivant en colonies sur les jeunes pousses dont il suce la sève.
Ver blanc	Larve du hanneton qui vit dans le sol, très vorace et qui ronge les racines.
Ver du poireau	Petite chenille qui creuse des galeries dans les feuilles et le cœur du poireau. Très nuisible.
Ver fil de fer	Larve de taupin qui vit dans le sol et ronge les racines, perce les tubercules et les bulbes.
Ver gris	Chenille de noctuelle vivant dans le sol qui ronge le collet des plantes.
Anthracnose du haricot	Maladie cryptogamique attaquant les feuilles et les gousses.
Fonte des semis	Maladie cryptogamique. Les très jeunes plantes se couchent sur le sol et semblent fondre.
Mildiou de la tomate	Maladie cryptogamique provoquant la destruction des feuilles et la pourriture des fruits.
Oïdium	Maladie cryptogamique formant un duvet blanchâtre sur les feuilles.
Rouille du haricot	Maladie cryptogamique attaquant les feuilles.
Septoriose du céleri	Maladie cryptogamique attaquant les feuilles.
Taches rouges du fraisier	Maladie cryptogamique attaquant les feuilles.

Le choix des légumes

Le choix des légumes dépend de la surface du potager, mais aussi du temps dont vous disposez. Pour débuter, commencez par les légumes les plus faciles, comme les salades et les radis, puis continuez par ceux demandant plus de savoir et de travail. Si vous disposez de peu de place et de temps, produisez de préférence les légumes les plus fragiles ou les plus difficiles à trouver au marché.

Durée de culture :
10 mois à partir de la plantation

L'ail

Allium sativum Liliacées

L'ail mérite bien qu'on lui laisse une petite place au jardin. Son goût inimitable en fait l'un des condiments de base de la cuisine. Sa culture est toute simple, et il se conserve très bien dans un endroit sec et bien aéré.

Les variétés

Ail blanc

C'est le plus résistant à l'hiver. Il doit être planté à l'automne ('Blanc de Lomagne', 'Rougeâtre de Vendée', 'Thermidrome', 'Violet de Cadours').

Ail rose

D'un développement plus rapide, il est mis en place fin février ('Printanor', 'Rose de Lautrec', 'Rose d'Italie du Nord').

Planter

Au labour, incorporez un engrais complet. Ameublissez le sol et tracez des sillons distants de 25 cm et profonds de 5 cm. Disposez les **caïeux** tous les 15 cm, la pointe en haut, puis recouvrez-les de terre. Dans les sols très meubles, enfoncez les caïeux directement avec les doigts.

On plante généralement l'ail sur plusieurs rangs mais il est aussi possible d'en faire une seule ligne en bordure d'autres plantes du potager.

1 kg de caïeux permet de planter 50 m linéaires de rang et de récolter environ 8 kg de **têtes.**

Caïeux : gousses qui composent le bulbe (ou la tête) de l'ail.

Entretenir

L'ail n'est pas une plante exigeante. Toutefois, s'il redoute le fumier frais, il apprécie les engrais contenant du phosphore et de la potasse qui le font produire de plus

Je conseille

« *Pour la multiplication, j'éclate les* **têtes** *en détachant les gousses de la périphérie. Ce sont les plus belles. Celles du centre, moins bien développées, donnent des produits dégénérés. Je les garde pour la consommation.* »

Dès que les premières feuilles jaunissent, arrachez et laissez sécher quelques jours.

belles têtes qui se conservent mieux. Entretenez le sol en état de propreté par des binages et sarclages jusqu'en juin.

Récolter

Mi-juin, nouez les tiges à mi-hauteur. Tordez-les ou couchez-les à terre en cassant les plus fortes avec le dos du râteau. Cette opération refoule la sève vers le collet, ce qui favorise le grossissement du bulbe.

Arrachez les bulbes en juillet, quand les feuilles sont jaunes et presque sèches. Opérez par beau temps. Laissez-les sécher deux jours sur le terrain. Rentrez-les ensuite sous un abri ventilé (hangar, grange, atelier...).

Quinze jours plus tard, suspendez les plantes la tête en bas pour qu'elles terminent leur maturation. Assemblez-les en bottes ou, mieux encore, tressez-les lorsque la pellicule extérieure est complètement sèche. Disposez-les dans un local sain, sec et aéré. Les bulbes résistent au froid jusqu'à –10 °C et se conservent jusqu'au mois d'avril de l'année suivante.

mémo

Pour l'ail en botte, la base des tiges est maintenue par une ficelle permettant leur suspension. Lié en tresse, l'ail se conserve plus longtemps. On détache les têtes en commençant par le haut de la tresse.

Durée de culture :
5 mois à partir de la plantation.

L'aubergine

Solanum melongena Solanacées

De formes et de couleurs variées, l'aubergine est indispensable dans la ratatouille avec la tomate et la courgette. Plante méridionale par excellence, gourmande en chaleur et en eau, l'aubergine a maintenant gagné toute la France.

Les variétés

Selon ses variétés, l'aubergine donne des fruits ronds, ovales ou longs et de diverses couleurs : noir, violacé et même blanc.

'Adria' : exceptionnellement productive, fruit demi-long ; 'de Barbentane' : précoce et productive, fruit ovoïde à chair ferme ; 'Galine' : précoce, fruit court en massue, d'un poids moyen de 350 g ; 'Black Beauty' : précocité moyenne, fruit violet, rond ou ovale ; 'Baluroi' : fruit allongé, presque cylindrique, pourpre noir, à chair ferme ; 'Mini Bambino' : fruit miniature atteignant seulement 30 cm de long ; 'Black Enorma' : donne des fruits de 750 g ; 'Purpura' : fruit volumineux et rond, de bonne qualité gustative ; 'Blanche ronde à œuf' : fruit gros comme un œuf de poule, épiderme et chair de couleur blanche (peut se cultiver en pot).

Je conseille

« J'emploie de préférence des hybrides F1, plus résistants aux maladies. Les hybrides F1 sont issus en première génération du croisement de deux espèces pures. »

Planter

Exigeantes, les aubergines demandent un sol fertile, un **emplacement ensoleillé** et beaucoup d'humidité.

Il est préférable de choisir des plants en mottes pour gagner du temps. En effet, la levée des semis, possible dès le mois de mars, est capricieuse et varie de 3 à 10 jours à une température de 25 à 30 °C.

Plantez en pleine terre fin avril dans le Midi et à partir de la mi-mai dans le reste de la France.

Trempez bien les mottes avant de planter, en prenant bien soin de ne pas les briser. Disposez les pieds à 50 cm

mémo

Un **emplacement ensoleillé** et abrité assure la maturité des aubergines avant l'arrivée des premiers froids. Au nord de la région parisienne, il est préférable de leur réserver une place dans une petite serre.

de distance. Enterrez le collet des plants de 4 à 5 cm pour favoriser l'émission de racines nouvelles. Arrosez ensuite copieusement.

Sitôt la plantation terminée, enfoncez un petit tuteur pour y attacher la tige et aménager une cuvette autour du pied.

Entretenir

Supprimez tous les rejets partant du pied pour concentrer la sève sur la tige principale. Écimez celle-ci au-dessus de la deuxième inflorescence pour arrêter son allongement et favoriser sa ramification. Après obtention de quatre ou cinq branches, pincez chacune d'elles au-dessus de deux inflorescences, ce qui permet de récolter, cinq mois plus tard, de huit à dix fruits par pied.

Dans le Midi, en revanche, le développement de certaines variétés permet de conserver six branches et jusqu'à trois fruits par branche. Dans le Nord, limitez la production à un seul fruit par pied.

Après ce pincement, épandez 30 g/m^2 d'un engrais « coup de fouet ». Enfouissez-le par un binage superficiel suivi d'un arrosage.

Récolter

Cueillez les aubergines tous les deux jours avec un sécateur, en leur conservant 2 cm de pédoncule. Récoltez quand les fruits sont bien colorés et souples sous la pression des doigts. Cueillis trop tard, ils deviennent ternes, ramollis et amers.

Les fruits de l'aubergine contiennent 90 % d'eau. Ils sont donc peu caloriques.

Durée de culture : 3 mois à partir du semis.

La carotte

Daucus carota ssp. *Sativus* Ombellifères

La carotte est un légume plein de ressources. Sa racine se consomme crue – râpée – ou cuite. Ses fanes sont très appréciées dans les potages. Quant au jus de carotte, il est recommandé pour ses multiples propriétés.

Les variétés

'Nantaise' : variété traditionnelle à racine demi-longue cylindrique ; 'de Meaux' : racine longue et colorée de bonne conservation en hiver ; 'de Colmar' : racine longue, volumineuse, sans cœur, pour une production de fin d'automne et d'hiver ; 'Parmex' : mini-carotte à racine presque ronde, type grelot, au goût sucré prononcé ; 'F1 Julia' : de bonne venue dans les terres les plus difficiles, à la saveur gustative excellente.

Riche en carotène, la carotte transmet à l'organisme l'indispensable vitamine A.

Semer

Pour la culture de pleine saison, le semis se fait en pleine terre et s'échelonne d'avril à juillet. Il est possible de semer toutes les variétés.

La carotte aime les sols légers et non caillouteux

(les pierres font fourcher la racine), conservant une certaine fraîcheur mais sans humidité excessive.

Avant la préparation du terrain, répandez 80 g au mètre carré d'engrais complet.

Semez en lignes espacées de 25 à 30 cm et à différentes époques jusqu'à la mi-juillet pour échelonner les récoltes de racines tendres et sans cœur. Semez très clair, en comptant 1 g de **graines** par mètre linéaire. Recouvrez le semis de 1 cm de terre fine avec le dos du râteau. Damez avec une planchette.

Il existe deux autres types de culture pour la carotte.

- La culture forcée : elle consiste à semer sur couche et sous châssis en janvier-février, et nécessite donc l'équipement adéquat. Elle se pratique principalement avec les variétés à racines courtes et de développement rapide. La récolte se fait en mai.
- La culture hâtée : il s'agit de semer sous châssis mais sans l'appoint de chaleur de fond. Le semis se fait de la mi-mars à la mi-avril avec des variétés à racines courtes ou demi-longues. La récolte a lieu à partir de juillet.

Entretenir

Après le semis, maintenez le **sol** humide par de fréquents bassinages.

Éclaircissez les plants lorsqu'ils ont 2 ou 3 feuilles en laissant de 6 à 10 cm entre chaque pied, selon la grosseur des racines de la variété.

Récolter

Arrachez les carottes au fur et à mesure des besoins, deux mois et demi à trois mois après le semis, avant que le cœur ne durcisse.

En novembre, récoltez la totalité de la plantation. Coupez les feuilles à ras du collet, laissez sécher les racines pendant deux jours sur le terrain et rentrez-les en cave pour la consommation hivernale. Mises en **stratification** dans du sable fin, elles conserveront leur fraîcheur pendant tout l'hiver.

Je conseille

*« Le semis est délicat car les **graines** sont petites. J'utilise des graines enrobées, donc plus grosses, et en rubans. Elles y sont déposées avec l'écartement nécessaire, ce qui m'évite d'éclaircir. »*

Je conseille

*« En cours de culture, je maintiens le **sol** propre par des binages et des sarclages. J'utilise, en cas d'envahissement de mauvaises herbes, un désherbant sélectif en pré- ou post-levée pour être tranquille toute la saison. »*

Stratification : opération qui consiste à disposer des légumes dans du sable humide, afin d'empêcher leur oxydation et de conserver leur vitalité.

Toutes les espèces de choux apprécient les sols profonds et riches.

Les choux

Brassica oleracea Crucifères

Durée de culture :
3 à 6 mois selon l'espèce à partir de la plantation

Les choux forment une vaste famille. Certains sont composés de grosses feuilles serrées (chou pommé), d'autres présentent des pommes réparties le long de la tige (chou de Bruxelles), d'autres enfin développent une inflorescence remarquable (chou-fleur, chou brocoli).

Pour tous les types de choux, il vaut mieux planter directement, en évitant de semer, afin de gagner du temps. Avant de planter, incorporez du fumier bien décomposé dans le **sol**, ainsi qu'un engrais complet. Arrosez surtout régulièrement. Il faut impérativement qu'au cours de la culture, la végétation ne subisse aucun à-coup.

mémo

La mouche du chou provoque le jaunissement des plantes qui finissent par se casser au collet : il est préférable de traiter le **sol** lors du repiquage avec un produit à base de mancozèbe.

Le chou-fleur

Plantez fin mai en espaçant les plants de 60 cm en tous sens. Quand les cœurs atteignent 8 cm de diamètre, recouvrez-les en cassant les feuilles du centre. Cela les protégera de la lumière et leur assurera une blancheur parfaite. Récoltez trois mois après la plantation.

Les variétés

'Flora blanca', 'Merveille de toutes saisons', 'Islandia'.

Le chou brocoli

Plantez fin juillet en espaçant les plants de 70 cm en tous sens. Ils atteindront leur complet développement avant l'hiver. Cependant, ils ne passeront **l'hiver** en pleine terre que s'il est doux comme en Bretagne. Dans ce cas, vous récolterez de mars jusqu'en mai.

Dans les régions plus fraîches, arrachez les plantes avec leur motte en octobre et placez-les pour tout l'hiver côte à côte sous châssis froid recouvert de paillassons. Replantez les plantes fin février en pleine terre.

Je conseille

*« En novembre, je protège mes choux brocolis du froid de **l'hiver** en recouvrant les pieds jusqu'aux premières feuilles. Je forme une butte de terre avec une binette tout autour du pied que je complète avec des feuilles mortes. »*

Les variétés

'Extra hâtif d'Angers', 'Blanc white star', 'Minaret'.

Le chou de Bruxelles

Plantez de juin à juillet en espaçant les plants de 70 cm en tous sens. Récoltez les pommes dès qu'elles ont 3 cm de diamètre en commençant par la base de la tige. Ces petites pommes réparties le long de la tige se consomment après les premières gelées et jusqu'au printemps.

Les variétés

Pour une récolte à l'automne : 'Jade Cross F1', 'Diablo F1' ; pour une récolte en hiver : 'de Rosny', 'Content'.

Les choux pommés

On distingue deux catégories de choux pommés : ceux à feuilles lisses, ou choux cabus, et ceux à feuilles cloquées, dits choux de Milan. La saison de la récolte varie selon la période de plantation. Pour récolter, il faut compter 4 mois environ après le repiquage.

■ La récolte de printemps : mettez les plants en place fin octobre en les espaçant de 50 cm. Choisissez un endroit bien exposé et plantez dans des creux profonds de 15 cm pour protéger les plantes des vents froids. Récoltez de fin avril à juin.

■ La récolte d'été et d'automne : plantez fin avril en espaçant les plants de 60 cm. Récoltez de juillet jusqu'en octobre.

■ La récolte d'hiver : pour récolter de fin octobre jusqu'en mars, plantez fin juillet.

Les variétés

■ Choux cabus de printemps : 'Précoce de Louviers', 'Golden Acre' ; d'été et d'automne : 'de Brunswick race Atol', 'Tête de pierre' ; d'hiver : 'Bartolo', 'Prospera'.

■ Choux de Milan d'été et d'automne : 'd'Aubervilliers race Eco', 'Salarité' ; d'hiver : 'Concerto', 'de Pontoise race de Cergy', 'Marabel'.

Je conseille

« Je cultive aussi le chou chinois, ou Pé Tsaï, plus digeste et riche en vitamine A. Il ressemble à une grosse laitue romaine. Il se récolte deux mois et demi après le semis. »

mémo

Une fertilisation équilibrée améliore considérablement le goût des choux.

Le concombre et le cornichon

Cucumis sativus Cucurbitacées

Durée de culture : 3 mois à partir du semis.

Ce sont des plantes annuelles aux tiges rampantes, possédant des vrilles et des feuilles larges. Leurs fruits sont cylindriques, lisses ou légèrement bosselés.

Les variétés

Concombre

'Akito' : résistant aux maladies, fruit assez court (20 cm) ; 'Breso' : fruit demi-long sans amertume ; 'Loretta' : très productif, fruit lisse vert foncé ; 'Maretmore' : fruit vert foncé de 20 cm de longueur ; 'Lemon' : fruit original de la taille d'un gros citron, à la chair blanche savoureuse et douce.

Cornichon

'Milglas' : fruit lisse et sans amertume ; 'Parigyno' : fruit vert et croquant ; 'Vert de Massy' : très productif ; 'Levo' : précoce, très productif, à la croissance vigoureuse.

Semer

Semez sur couche et en godets de fin avril à mi-mai. Lorsque les pieds ont 3 ou 4 feuilles après les cotylédons, pincez les tiges au-dessus de la deuxième feuille et procédez à la plantation.

Ces cornichons sont prêts à confire dans le vinaigre.

Pour éviter les salissures, cultivez les concombres sur film plastique.

Ados : planche de terre inclinée et exposée au sud afin de profiter du soleil.

Planter

Plantez à 80 cm de distance en tous sens. Pour chaque pied, creusez un trou de 40 cm de profondeur et remplissez-le de 30 cm de fumier recouvert de 20 cm de terreau pour constituer un **ados** en surélévation par rapport au sol originel. Mettez les pieds en place en les enterrant jusqu'aux cotylédons. Aménagez autour d'eux une petite cuvette pour les arrosages.

Pour une consommation familiale, échelonnez la culture des concombres et ne cultivez que quelques pieds à la fois : les récoltes sont abondantes mais périssables.

Entretenir

La taille des concombres consiste à étêter la tige principale au-dessus de la troisième ou de la quatrième feuille, pour faire apparaître trois ou quatre tiges secondaires, qui seront elles-mêmes pincées au-dessus de la troisième feuille et conduites sur le sol en arêtes de poisson, de part et d'autre des lignes de plantation.

Paillez si possible le sol et arrosez dans les intervalles pour garder une certaine fraîcheur et accroître le rendement car les concombres contiennent 90 % d'eau.

Ne taillez pas les cornichons : les fleurs sont nombreuses et la fructification toujours assurée par beau temps. Arrosez en cas de sécheresse et éventuellement paillez le sol.

Récolter

La récolte des concombres commence environ deux mois et demi après le semis et dure cinq à six semaines. Coupez-les lorsqu'ils sont développés aux deux tiers.

Récoltez les cornichons tous les deux jours en période de production, lorsqu'ils mesurent de 5 à 6 cm.

Les courges

Cucurbita — Cucurbitacées

Durée de culture : 5 mois à partir du semis.

Les courges sont des plantes potagères herbacées à tiges rampantes. Il existe des espèces différentes comme les courgettes, les giraumons, les pâtissons et les potirons.

Les variétés

La courge 'Spaghetti' : curieusement, sa chair présente l'aspect des spaghettis après la cuisson. La courge 'de Siam' pèse entre 2 et 4 kg et possède une chair blanche et filamenteuse évoquant le vermicelle. Le fruit se consomme comme les concombres lorsqu'il est très jeune, mais mûr, on le cuisine en gratin ou en confiture (cheveux d'ange). Les courges 'Tristar' et 'Triamble' possèdent une chair ferme, orange foncé, très douce et de conservation parfaite. Les pâtissons 'Orange' ressemblent à maturité à un gâteau plus ou moins plat, à la découpe esthétique. Pour les courgettes, citons les variétés 'Splendor', assez

Je conseille

« Sur mon balcon, je plante régulièrement la variété 'Mini Jack be' qui donnent des fruits miniatures de 8 cm sur 5 cm, très côtelés. C'est bien sûr une curiosité mais aussi un légume délicieux avec sa chair orange et sucrée. »

Les variétés de courges sont maintenant innombrables.

précoce, bien cylindrique et d'un vert brillant, et 'Cobra', précoce et très productive.

mémo

Les courges de doivent pas être semées trop près les unes des autres car les plantes peuvent couvrir une surface importante sur plusieurs mètres carrés.

Semer

Ne semez pas avant la mi-mai, car le développement des plantes est rapide et on peut difficilement les protéger en cas de gelées tardives. Semez 3 ou 4 graines en pleine terre, en poquets, et recouvrez de 2 cm de terreau ou de terre fine.

Environ deux ou trois semaines après le semis, creusez un trou de 60 cm de diamètre tous les 3 m en tous sens. Remplissez-le de 30 cm de fumier recouvert de 20 cm de terreau. Plantez-y les deux plants les plus vigoureux.

Entretenir

Pincez d'abord les pousses à deux feuilles puis à cinq ou six feuilles pour obtenir un grand nombre de fleurs femelles.

Lorsque les fruits sont bien développés, pincez les rameaux fructifères au-dessus de la deuxième feuille. Par pied, conservez un ou deux fruits pour les potirons, trois ou quatre pour les giraumons et pâtissons, dix pour les courgettes.

Les fleurs de courgettes peuvent se déguster en beignets.

Pour éviter les attaques d'oïdium (taches blanches et poudreuses), plantez les pieds à une distance suffisante pour obtenir une bonne aération et évitez une trop grande humidité du sol.

Récolter

Cueillez les courgettes dès qu'elles atteignent de 15 à 20 cm de longueur : plus tard, leur peau durcit et les graines se développent à l'intérieur.

Conservez les courges dans un endroit frais, à une température avoisinant les 10 °C.

Le fraisier

Fragaria Rosacées

Durée de culture : 3 mois à partir du semis.

Déjà cultivé et apprécié par les Romains, le fraisier a subi des améliorations qui ont favorisé la grosseur des fruits.

Les variétés

Pour une production prolongée, choisissez des variétés de fraisiers qui produisent des fruits à des périodes successives ; utilisez à la fois des variétés remontantes et non remontantes.

Les fraisiers à gros fruits produisent surtout en juin.

Il existe plus de 600 variétés de fraisiers. La meilleure variété pour la production précoce est 'Gariguette', au fruit rouge orangé, de forme allongée et à la chair juteuse, acidulée et parfumée... 'Mara des bois' est une variété remontante, au fruit rouge brique à la chair tendre. C'est la plus savoureuse avec un goût caractéristique de fraise des bois. Elle se récolte à partir de juillet. Parmi les fraises à petits fruits (fraises des quatre saisons), on retiendra 'Reine des Vallées', qui ressemble beaucoup à la fraise des bois, et 'Alpine blanche', très parfumée.

Planter

Les fraisiers aiment les terres silico-argileuses, humifères, fraîches et perméables. Aucun fraisier ne doit y avoir poussé depuis cinq ans.

Avant la plantation, incorporez au sol une copieuse fumure organique et minérale, soit une bonne brouette de fumier décomposé pour 4 m^2 et 120 g d'engrais type 6.12.20 par mètre carré. Sur sol nu, répandez un désherbant « spécial fraisiers » au printemps.

Plantez les fraisiers de mai à septembre en sol sain dans un emplacement en **plein soleil** (sauf pour les fraises des quatre saisons qui préfèrent l'ombre). Dans les terres lourdes, procédez en mars-avril.

Selon les variétés, les fraisiers forment des touffes plus ou moins importantes. Le cœur de la plante est un rhizome qui émet souvent des prolongements : les stolons. Ils s'enracinent naturellement aux nœuds pour donner naissance à de nouveaux pieds.

mémo

Seul le **plein soleil** donne aux fraises leur parfum et une teneur en sucres élevée. Les fraisiers doivent être bien arrosés car ils sont très gourmands en eau et, après une période de sécheresse, la qualité des fruits s'en ressent.

Entretenir

Recouvrez la terre d'un **paillage** : excellent rempart contre les mauvaises herbes, il maintient l'humidité du sol et protège les fruits de la boue lorsqu'il pleut.

Coupez les stolons des variétés prolifiques pour renouveler ou étendre la plantation. Conservez un ou deux stolons par pied. Avant l'été, éliminez les feuilles et les inflorescences desséchées.

En cours de saison, entretenez le sol meuble par des binages.

Les fraisiers sont des plantes épuisantes. Conservez-les à la même place trois années au maximum pour les variétés non remontantes et deux pour les remontantes. Au-delà, ils dégénèrent vite. Attaqués par de nombreux virus, ils rapportent beaucoup moins.

Je conseille

*« Pour le **paillage**, j'utilise généralement de la paille hachée (mais aussi de la paillette de lin, des coques de cacao ou de l'écorce). »*

Récolter

Récoltez plutôt le matin car les fruits sont plus sucrés. Les fraisiers à petits fruits, vigoureux, remontants, fructifient de mai à octobre. Les fraisiers non remontants à gros fruits donnent des fraises fin mai. Les fraisiers remontants à gros fruits produisent en juin, puis à nouveau de fin juillet à septembre.

En automne, lorsque la récolte touche à sa fin, coupez et brûlez toutes les feuilles abîmées ou sèches.

Le haricot

Phaseolus vulgaris Légumineuses

Durée de culture :
2 à 4 mois à partir du semis.

Le haricot est très facile à cultiver. On en consomme les gousses vertes avant maturité des grains (haricot vert) ou les grains (haricot à écosser).

Le genre *Phaseolus* comprend plus de 200 espèces avec environ 36 000 variétés. La « famille » des haricots verts comprend notamment le haricot consommé en filet avant la formation des grains et le haricot mangetout, plus charnu mais encore tendre, dont les grains verts sont dépourvus de parchemin. Le haricot beurre possède une cosse jaune.

Les variétés

Haricot nain à filets : 'Triomphe de Farcy', 'Fin de Bagnols' ; haricot nain à filets sans fil : 'Delinel', 'Rudy', 'Gusty' ; haricot nain mangetout : 'Améthyst', 'Purple Queen' ; haricot nain mangetout beurre : 'Cador', 'de Rocquencourt' ; haricot nain à écosser : 'Coco de Prague', 'Lingot', 'Soissons nain' ; haricot à rames : 'Mangetout', 'Soissons type Tarbais'.

Semer

Semez en lignes espacées de 35 à 40 cm, à raison d'une graine tous les 5 cm ou, mieux, en poquets de 5 à 7 graines espacés de 45 à 50 cm en tous sens.

Ouvrez le sillon ou le poquet à la binette, déposez les graines, ramenez sur ces graines la terre provenant du poquet suivant.

Avant d'écosser les haricots, on les suspend quelque temps pour les faire sécher.

mémo

Il faut éviter les **arrosages** directement sur les feuilles qui favorisent la prolifération des champignons.

Je conseille

*« Je recouvre les pieds des **plants** en les buttant avec quelques centimètres de terre prélevée entre les rangs pour les fortifier et les aider à supporter le poids de la récolte. »*

Le semis peut se faire en plein air et sans abri à partir de fin avril dans le Midi, vers le 10 mai en Ile-de-France et le 20 mai dans le Nord et l'Est.

Selon les variétés et la température, la culture d'une série dure de 50 à 80 jours. Il est préférable d'entreprendre des semis successifs sur quelques mètres en lignes plutôt que de se limiter à 2 ou 3 séries.

Entretenir

Les haricots sont sensibles au froid. Ils se développent à une température de 10 à 12 °C minimum. Très accommodants sur la nature du sol, ils préfèrent cependant une terre sableuse.

Bien qu'ils résistent bien à la sécheresse, **arrosez** abondamment au moins une fois par semaine dans des rigoles près des pieds, ce qui évitera aux fleurs de se dessécher ou aux fruits de devenir durs et filandreux. Quand les jeunes **plants** de haricots ont de 5 à 6 cm de haut, binez les rangs. Épandez un engrais complet type légumes (titrant par exemple 4.4.10) en l'enfouissant par un léger griffage.

Le haricot à rames

Semez avec un espacement de 45 cm, sur deux rangs orientés si possible nord-sud et distants de 75 cm. Après buttage, enfoncez à l'extérieur de la rangée des rames de 2,50 m à 3 m de haut tous les 50 cm. Reliez-les par une perche placée horizontalement dans la fourche des extrémités. Les haricots demandent de 100 à 120 jours pour mûrir.

Récolter

Récoltez les haricots verts très jeunes, lorsqu'ils sont à demi développés, et avant qu'ils ne durcissent et ne forment des fils. La récolte s'effectue tous les jours ou tous les deux jours.

La laitue

Lactuca sativa Composées

Durée de culture : 3 mois à partir de la plantation

Le grand plaisir au potager, c'est de cueillir sa salade au jour le jour. Pour en disposer toute l'année, il suffit de sélectionner les variétés et de varier les méthodes de culture.

Les variétés

■ Laitue à couper : 'Brunia', 'Feuille de chêne blonde', 'Red salad bowl', 'Green salad bowl', 'Malibu', 'Rossa di Trente', 'Valdaï'.

■ Laitue batavia à pomme frisée : 'Blonde de Paris', 'Laura', 'Reine des glaces', 'Rouge grenobloise', 'Carmen', 'Kellys', 'Roxette', 'Camaro'.

Je conseille

« J'associe dans le semis laitues, chicorées, feuilles de chêne, scaroles, batavias. Je les laisse se débrouiller après avoir éclairci les plants et je récolte au jour le jour ce cocktail. »

Les laitues, aux racines peu profondes, craignent la concurrence des mauvaises herbes.

■ Laitue grasse à pomme lâche et feuilles épaisses : 'Craquerelle du Midi', 'Sucrine', 'Bella'.

■ Laitue pommée à feuilles lisses, dénommée également laitue beurre : 'Brune d'hiver', 'd'hiver de Verrières', 'Gotte à graine blanche', 'Grosse blonde paresseuse', 'Kraganer sommer', 'Kinemontepas', 'Merveille des 4 saisons', 'Merveille d'hiver', 'Reine de mai de pleine terre', 'Rougette de Montpellier', 'Monet', 'Nadine'.

■ Laitue romaine à pomme oblongue : 'Blonde maraîchère', 'Verte maraîchère', 'Remus', 'Corsair', 'Fine de printemps', 'Little Leprechaun'.

Cultiver

Laitues pommées, romaines, batavias, chicorées frisées ou scaroles se récoltent au printemps, en été ou en automne, et même en hiver. Pour cela, il est nécessaire de **semer** de façon continue, de préférence avec des graines enrobées car elles germent plus régulièrement.

Lors du repiquage, veillez à planter les jeunes laitues à « collet flottant », c'est-à-dire en maintenant toujours le collet de la plante au-dessus du sol. Pour favoriser la croissance, après reprise des plantes repiquées, épandez 100 g d'ammonitrate pour 10 m², que vous enfouirez lors du premier sarclage.

Les mollusques étant très friands des feuilles de laitue, épandez des granulés à base de métaldéhyde.

mémo

La graine de laitue est très légère : 1 g de graines peut donner 200 plantes. Il faut donc **semer** très clair. Maintenez le semis humide pour activer la germination.

La laitue de printemps

Dès janvier, semez à une température supérieure à 15 °C sous châssis ou en serre. Repiquez toujours à même température en pleine terre, en espaçant les plants de 25 cm en tous sens. Mettez en place en mars pour récolter à partir d'avril et jusqu'au 15 mai.

La laitue d'été et d'automne

Semez en pépinière sous châssis froid dès mars et repiquez trois semaines à un mois après le semis. À partir d'avril, semez directement en place et éclaircissez en espa-

mémo

Durant l'été, par fortes chaleurs et temps orageux, les laitues ont la fâcheuse tendance à monter trop facilement à graines. Après une pluie d'orage, arrosez avec de l'eau très froide pour retarder cette montaison.

Éclaircissez les semis pour laisser de l'espace entre chaque pied.

çant les pieds de 30 cm. Le semis en pépinière est cependant toujours conseillé pour trier les plus beaux plants.

La laitue d'hiver

Choisissez les variétés les plus résistantes à l'hiver. Semez clair en pépinière fin août et jusqu'au 15 septembre. Repiquez en pleine terre vers le 20 octobre en espaçant les plantes de 30 cm en tous sens. Récoltez de fin avril jusqu'en mai.

Pendant les périodes de grands froids, recouvrez la planche de paille, voire d'un châssis. Conservez éventuellement quelques plants à l'abri pour remplacer ceux qui disparaîtraient au cours de l'hiver.

Si vous disposez d'une serre froide, d'un tunnel ou de coffres et châssis, semez en pépinière du 15 septembre au 15 octobre, repiquez dix jours plus tard, puis mettez en place début décembre pour récolter en février.

Récolter

Cueillez de préférence tôt le matin. Conservez les salades au réfrigérateur : elles resteront fraîches plusieurs jours.

Durée de culture :
4 à 6 mois à partir du semis.

Le melon

Cucumis melo — Cucurbitacées

Pour qu'il donne toute sa saveur, le melon doit être l'objet de soins attentifs durant la culture. Il exige de la chaleur et une terre humifère. C'est un des rares légumes-fruits qui se consomme en entrée aussi bien qu'au dessert.

Les variétés

- 'Cavaillon' : fruit très savoureux, dense.
- 'Sucrin de Tours' : de culture facile, chair rouge orangé, épaisse, ferme, sucrée, d'excellente qualité. Melon de type jaune canari. Fruit oblong, écorce jaune d'or à maturité. Chair ferme, rosée et sucrée. Résistant aux maladies.
- 'Eimder' : variété à gros fruits ronds, chair orange, douce, sucrée. Melon type Charentais brodé, fruit sphérique légèrement ovoïde, peu côtelé, jaunissant à maturité. Chair ferme, de très longue conservation, dont la qualité gustative est excellente.
- Type **Cantaloup** 'Noir des Carmes' : fruits sphériques, côtelés, lisses vert très foncé qui tourne à orangé à maturité. Chair épaisse, sucrée et parfumée, excellente.
- 'Petit gris de Rennes' : petits fruits à la robe verte mouchetée, chair colorée d'excellente saveur pour le potager. Qualité régulière.

Semer

Le semis réclame une température de 20 °C du mois de février au mois d'avril. Il se pratique sur couche chaude dans des godets de 8 cm de diamètre à raison de 3 graines par godet.

Planter

Attendez la deuxième quinzaine de mai, pour planter en place les pieds achetés dans les jardineries.

Je conseille

*« Sur ma terrasse, je cultive en pot les variétés à petits fruits comme 'Ogen' ou 'Ananas d'Amérique' qui ne nécessitent pas de taille. Au potager, je préfère les variétés du type **Cantaloup** qui sont les plus parfumées. »*

mémo

La culture sous cloche favorise une bonne végétation du melon, plante frileuse. Intercalez une tuile entre les jeunes fruits et la terre afin qu'ils ne soient pas souillés et ne risquent pas de pourrir en cas d'excès d'humidité.

Dix jours avant la plantation, creuser des fosses de 40 cm de profondeur et autant de largeur en les espaçant de 80 cm. Versez un mélange de 20 cm d'épaisseur composé à parts égales de terreau et de terre de surface provenant du trou. L'ensemble formera une butte.

Tailler

La taille permet de hâter l'apparition des fleurs femelles susceptibles de devenir des fruits. Quant le plant présente 3 ou 4 feuilles, étêtez-le au-dessus des 2 premières feuilles et supprimez les cotylédons. Cet étêtage provoque le départ des yeux de l'aisselle des deux feuilles conservées.

Taillez tous les rameaux naissant sur ces deux tiges à 3 ou 4 feuilles. Les fleurs mâles apparaissent, mais il faut attendre la cinquième feuille pour voir apparaître les fleurs femelles. Pincez alors à 2 feuilles au-dessus des fleurs.

Après fécondation, éclaircissez les fruits lorsqu'ils atteignent la grosseur d'une noix pour n'en conserver que 4 à 6 par pied et pincez les pousses portant les fruits à 1 feuille au-dessus.

Récolter

Les melons plantés en mai produisent à partir de la seconde quinzaine d'août. Cueillez lorsque les feuilles du rameau portant le fruit commencent à se fermer, qu'une gerçure circulaire cerne le pédoncule et que la couleur s'éclaircit d'un côté. Coupez le melon avec une partie de la tige et entreposez-le dans un local frais et obscur. Il y prendra toute sa saveur.

Je conseille

« J'arrose les melons avec parcimonie, avec de l'eau à 15 °C au moins.
Je réduis les arrosages au moment de la floraison.
Je bassine lorsque les fruits commencent à grossir.
Je réduis de nouveau les arrosages à l'approche de la maturité. »

Évitez le contact de la terre et du fruit en plaçant une planchette sous le melon.

Durée de culture :
3 mois à partir du semis.

Le navet

Brassica rapa Crucifères

Le navet est un des plus anciens légumes connus. Les habitants des cités lacustres le consommaient déjà. La racine du navet se mange de préférence cuite, accommodée de diverses manières.

mémo

Les **variétés** qui ont fait leur preuve sont généralement moins exigeantes que certaines variétés modernes sélectionnées en vue du maraîchage professionnel.

Les variétés

Les variétés de navet sont nombreuses et se reconnaissent à la forme de la racine renflée et charnue (cylindrique, conique, piriforme, sphérique ou aplatie), à sa couleur également très variable (blanche, jaune, rouge, grise ou noire), à sa chair blanche ou jaune, plus ou moins sucrée, ou piquante et un peu âcre.

Parmi toutes ces **variétés**, citons 'Lagor' : à racine cylindrique de couleur blanche et à collet violet, dont la chair blanche est fine et qui présente l'avantage de ne pas se creuser en fin de saison ; 'de Croissy' : hâtive, à racine longue, blanche et pointue ; 'Nancy' : de type rond et blanc à collet violet, dont la texture de la chair est très fine ; 'de Péronne' : à la racine bien ferme qui peut être laissée en terre une partie de l'hiver, à la qualité parfaite et de bonne conservation ; 'Boule d'or' : à racine sphérique de10 à 12 cm de diamètre, peau et chair jaunes, sucré.

Pour obtenir une belle grosseur, il faut éclaircir les jeunes pieds après le semis.

Semer

Le navet est une plante d'automne. Il réussit en effet mieux en automne, voire au printemps, qu'en plein été. En période chaude et sèche, il devient filandreux.

La culture dépend de l'époque de la consommation. Mais quelle que soit la période, semez en lignes distantes de 30 cm. Tracez des rayons de 2 à 3 cm, épandez les graines, recouvrez-les de 1 cm de terreau puis **plombez** avec le dos du râteau ou avec une batte.

Évitez de semer après des choux ou des radis qui sont aussi des crucifères et donc qui ont les mêmes ennemis.

Éclaircissez dès que les plantes présentent 2 feuilles en espaçant les plants de 15 à 25 cm.

Plomber : tasser doucement la surface de la terre pour que les graines qu'on a semées y adhèrent bien.

Pour une récolte en avril-mai

Il s'agit d'une culture forcée et délicate car elle demande un semis sur couche et sous châssis (ou en serre tempérée) en février. Semez des variétés à développement rapide. Récoltez 45 jours après le semis.

Pour une récolte de mai à août

Cette culture hâtée de pleine terre s'échelonne de mi-mars à juin. Récoltez 60 jours après le semis, avant complet développement. Il est important de bassiner fréquemment.

Pour une récolte de septembre à novembre

Pour cette culture tardive de pleine terre, semez en juillet et jusqu'au 15 septembre. Récoltez de 75 à 90 jours après le semis.

Récolter

Une conservation hivernale sur place est possible, surtout pour la variété 'de Péronne'. Les légumes restent sur pied et sont récoltés au fur et à mesure de la **consommation**.

Pour faciliter l'arrachage lors des périodes de gel, il faut recouvrir le sol d'une couche de 5 à 10 cm de paille. Il est possible de protéger les planches de culture par un tunnel plastique.

Le stockage en cave est aussi possible si la température est inférieure à 10 °C.

mémo

Il est préférable de ne pas attendre que le navet ait acquis tout son développement pour le **consommer**. Lorsqu'il est à moitié ou aux trois quarts de sa grosseur, il est plus tendre et plus délicat.

Durée de culture :
5 à 6 mois à partir du semis.

L'oignon

Allium cepa Liliacées

Déjà utilisé par les Égyptiens, l'oignon est arrivé en Europe au Moyen Âge. C'est un des légumes de base de notre nourriture ; par ses nombreuses propriétés, il a une influence particulièrement bénéfique sur notre santé.

Les variétés

- Oignons de couleur : 'Jaune paille des vertus', 'Astros', 'Rouge pâle de Niort', ' Rouge de Brunswick', 'Rouge de Florence race Simiane', 'Balstora', 'Lezignan Isabo'.
- Oignons blancs : 'de Paris', 'de Vaugirard', 'Premier', 'Printanier parisien', 'de Barletta', 'Sahara', 'Albion'.

Semer et récolter

Les oignons de couleur

Les oignons de couleur ou oignons d'été sont cultivés de février à septembre et se consomment en automne et en hiver.

Semez en mars-avril en terre légère, en lignes espacées de 20 cm, à raison de 1 g par mètre linéaire. Enterrez peu la graine, recouvrez-la simplement en rabattant un bord du rayon avec le râteau, puis damez.

Un mois et demi après le semis, lorsque les plants atteignent une dizaine de centimètres, éliminez les plus faibles pour ne garder qu'un oignon tous les 10-15 cm.

N'arrosez qu'en cas d'extrême sécheresse. Fin juin, couchez les tiges sur le sol en les cassants à l'aide d'un râteau. Cette opération hâte la maturation.

Arrachez les oignons par temps sec et laissez-les sur le terrain 3 ou 4 jours pour les faire sécher. Rentrez-les ensuite dans un local sain, bien aéré et à l'abri des gelées, lorsque les feuilles et la peau extérieure sont complètement sèches. Vous pouvez les suspendre en nattes tressées ou en bottes, ou les étaler dans des cageots.

Je conseille

« Au lieu de ***semer****, je plante des petits bulbes achetés dans le commerce en effectuant les mêmes opérations que pour le semis. Avec les doigts, j'enfonce les bulbes dans la terre, les pointes vers le haut affleurant la surface. »*

Laissez sécher les oignons sur le sol quelques jours avant de les botteler.

Les oignons blancs

Les oignons blancs ou oignons de printemps sont cultivés sur deux ans.

Semez dans la deuxième quinzaine d'août dans des sillons peu profonds distants de 20 à 25 cm. Éclaircissez début octobre, lorsque les plants ont 8 cm de haut. Après l'hiver, rehaussez les oignons par un griffage entre les rangs.

Récoltez de fin avril à juin lorsque les oignons ont un bulbe de 3 à 5 cm de diamètre et que leur feuillage est encore vert. Arrachez-les en tirant doucement à la base des feuilles. Consommez-les aussitôt.

mémo

Les oignons s'obtiennent par semis ou sont issus de bulbes. Dans ce dernier cas, ils sont très gros. Il en existe de nombreuses variétés de toutes les formes (petit, gros, rond, plat, allongé) et de toutes les couleurs (blanc, rose, jaune, violet...).

Durée de culture :
5 mois à partir
de la plantation.

Le piment et le poivron

Capsicum Solanacées

Piment et poivron se distinguent par leur saveur : brûlante et piquante pour le piment, douce pour le poivron.

Prenez garde aux dosages : plus les piments sont petits, plus ils sont forts.

Les variétés

Les piments

'De Cayenne' : petit fruits rouges longs et étroits, de saveur brûlante ; 'Amando' : fruits fins, droits, pointus, de 18 cm de long, rouges à maturité, de saveur très forte ; 'Japaleno' : petits fruits brûlants et piquants, rouges à maturité, à la saveur de feu ; 'de la Bresse' : petits fruits coniques, d'un rouge brillant, à saveur brûlante mais moins forte que la variété 'de Cayenne' ; 'Sucette de Provence' : fruits rouge brillant de 12 cm de longueur, à la saveur brûlante.

Les poivrons

'Petit Marseillais' : excellente variété d'amateur, fruit de 8 à 10 cm de longueur, jaune orangé à maturité, à la chair fine et douce ; 'Cherry sweet' : piment cerise à fruits doux, ronds de 3 à 4 cm, saveur douce très sucrée ; 'Corne de Taureau' : saveur douce et parfumée ; 'Doux long des Landes' : couleur vert foncé, se consomme cru dans les salades ; 'Doux d'Espagne' : fruits très gros et très doux.

Les poivrons se récoltent dès qu'ils ont atteint leur taille définitive.

Semer

La multiplication peut s'effectuer par semis sur couche de février à avril. Effectuez un repiquage directement sur couche ou en godets de 8 cm de diamètre.

Planter

Maintenez en place jusqu'à la plantation en mai lorsque les risques de gelée sont écartés, à 50-60 cm de distance. Au nord de la Loire, plantez sur un terrain exposé au sud. Soleil et chaleur sont indispensables au développement des piments et des poivrons.

Entretenir

Les poivrons ont un développement souvent vigoureux. Ils atteignent rapidement 60 cm de hauteur. Durant l'été, les fleurs apparaissent au fur et à mesure de la croissance des tiges. Écimez la tige principale. Conservez cinq à huit tiges secondaires. Arrêtez l'allongement de ces tiges au-dessus de la deuxième fleur.

Dans les régions méridionales, conservez de douze à quinze **fruits** par pied. Ailleurs, n'en conservez qu'une dizaine.

Récolter

Coupez les plus gros fruits et les plus colorés à partir de juillet avec un sécateur.

mémo

Les poivrons mais surtout les piments dits « enragés » sont très riches en vitamines. Ils favorisent la digestion.

Je conseille

*« Fin juin ou début juillet, lorsque de nombreux **fruits** sont formés, je coupe les branches une feuille au-dessus de chaque fruit. Cette concentration de sève permet un meilleur mûrissement. »*

La cueillette des plantes condimentaires sera facilitée si on les place en bordure des allées.

Les plantes condimentaires

Faciles à cultiver dans un jardin ou sur le rebord d'une fenêtre, les plantes condimentaires se révèlent indispensables en cuisine pour parfumer les plats. Elles sont aussi pourvues de nombreuses vertus médicinales.

Le basilic

Cette plante annuelle se multiplie par semis en avril. Les touffes ont une hauteur de 40 cm environ. Il existe de nombreuses variétés de basilic, parfois très décoratives. Donnez-lui un endroit de préférence ensoleillé, ou à mi-ombre. La variété 'Balconstar' est bien adaptée à la culture en pot.

Pour obtenir des plantes plus trapues, coupez les extrémités des tiges de basilic.

Le céleri à côtes

Il s'agit d'une plante vivace résistant bien au froid. On la cultive pour ses feuilles particulièrement appréciées dans les potages. Semez directement en place d'avril à juin. Un mois et demi plus tard, éclaircissez en laissant un pied tous les 15 cm environ. Puis récoltez d'août à novembre.

Le cerfeuil

Cette plante annuelle, haute de 20 à 30 cm, monte rapidement à graines en été. Faites des semis successifs (environ trois pour avoir des feuilles toute l'année) en mars au soleil, en mai à mi-ombre et en septembre à bonne exposition. Il faut cinq à six semaines entre le semis et le moment où les feuilles atteignent 15 cm et peuvent alors être coupées. Deux variétés sont très répandues : le cerfeuil commun et le double frisé.

La ciboule

C'est une plante vivace très voisine de l'oignon mais qui ne forme pas de bulbe. Seule la base de la tige est renflée. Multipliez par division de touffe (tous les 3 à 4 ans) en mars-avril, en plantant les éclats de deux ou trois tiges tous les 20 à 25 cm, ou par semis de mars à mai. Les feuilles atteignent 25 à 30 cm de hauteur trois mois après le semis. À l'automne, il est possible de mettre en pot quelques touffes dont on peut se servir durant tout l'hiver. Coupez les feuilles et utilisez-les sans attendre.

mémo
Sous nos climats, certaines plantes condimentaires vivaces sont à cultiver comme des annuelles. Récupérez alors des graines sur vos plants pour l'année suivante.

La ciboulette

Appelée aussi « civette », cette plante vivace est proche de l'oignon. On la multiplie par division de touffe en mars-avril ou par semis de février à avril. Espacez les pieds de 15 à 20 cm en tous sens.

Supprimez les fleurs de la ciboulette pour éviter que les pieds ne s'épuisent.

La coriandre

On utilise les feuilles ainsi que les graines de cette annuelle pour parfumer les plats. Semez directement en place en avril. Espacez les pieds de 20 à 25 cm en tous sens. Coupez les ombelles en août au fur et à mesure que les fruits mûrissent, puis faite sécher les tiges en bottes suspendues. Il suffit de les battre légèrement pour faire tomber les graines qui se conservent dans des bocaux.

L'estragon

Cette plante vivace peut atteindre 70 cm de hauteur. Sa végétation disparaît en hiver mais repart au printemps à partir de la souche souterraine. Multipliez par division de touffe en mars-avril tous les trois ou quatre ans. Coupez l'extrémité des tiges munies de feuilles vertes pendant la végétation et avant qu'elles ne deviennent dures.

Les plantes condimentaires, souvent vivaces, se verront attribuer un emplacement déterminé du potager.

La marjolaine

Il s'agit d'une plante vivace ou annuelle de 30 cm de hauteur, dont on consomme les feuilles et l'extrémité des tiges avant la floraison. Semez à partir d'avril sous abri ou plantez en mai en espaçant de 20 cm en tous sens. Récoltez les extrémités en août et septembre jusqu'à la floraison. En hiver, après la suppression des tiges en novembre, il faut recouvrir la souche avec une litière de feuilles.

mémo

La plupart des plantes condimentaires redoutent les terres lourdes et froides où l'eau peut stagner. Elles préfèrent les sols légers et filtrants.

La menthe

Alors qu'elle peut atteindre 80 cm de haut, la menthe est une plante vivace et **rustique** qui devient vite envahissante lorsqu'elle se plaît. Semez en avril ou en mai. La multiplication est plus facile en divisant les souches. Plantez en espaçant de 50 cm en tous sens. Cueillez les feuilles fraîches au fur et à mesure des besoins.

Rustique : se dit d'une plante qui supporte en hiver les températures très basses, sans souffrir ni exiger de soins particuliers.

Le persil

Cette plante bisannuelle donne des feuilles odorantes plus ou moins frisées la première année et monte à graines l'année suivante. Semez de février à fin juillet. Plombez et bassinez régulièrement pendant la levée (environ 1 mois). Pour hâter la levée, tremper les graines 24 heures dans l'eau. Comptez trois mois entre le semis et la première coupe de feuilles. Détachez les feuilles une à une en prenant les plus longues.

L'origan

Plante vivace de 50 cm de haut, l'origan aime les endroits chauds et ensoleillés, même calcaires. Les petites feuilles sont très aromatiques lorsqu'on les froisse. La multiplication se fait par semis de septembre à octobre.

Le romarin

Arbrisseau d'origine méditerranéenne, le romarin ne résiste pas aux hivers très froids. Il faut lui réserver un petit coin très bien abrité. Le romarin peut atteindre 1,50 m. On le multiplie par semis ou en bouturant à chaud en août. Seules les petites feuilles sont généralement utilisées, mais toute la plante, fleurs et graines, est aromatique.

La sarriette commune

Il s'agit d'une plante annuelle de 25 cm de haut que l'on sème en mai. Espacez les plants de 20 cm en tous sens. La plante se ressème naturellement quand on la laisse monter à graines. Récoltez les extrémités à partir de juin. La sarriette vivace se cultive de la même façon.

La sauge

Ce petit arbuste ne dépassant pas 60 cm de haut est cultivé depuis l'Antiquité pour ses propriétés médicinales. Multipliez par bouture, semis ou marcottage. Plantez dans les endroits ensoleillés et secs en terre sableuse.

Le thym

Appelé aussi farigoule en Provence, le thym est une plante vivace qui se multiplie au printemps par semis, division de touffe et bouturage en septembre. Il existe plusieurs variétés au parfum différent : le thym ordinaire (thym français ou thym du Midi), le thym serpolet (ou thym sauvage) et le thym citronnelle.

Je conseille

*« J'ai planté mes condimentaires dans un damier formé de carrés délimités par 2 briques disposées sur la tranche. J'ai évité d'y mettre de la menthe et du **romarin** qui prennent trop de place. »*

mémo

Si elle ont une place prépondérante dans le potager, les plantes condimentaires peuvent aussi apparaître dans le jardin d'agrément, dans les rocailles ou comme couvre-sol.

Le poireau

Allium porrum Liliacées

Durée de culture : 4 à 5 mois pour les poireaux d'été ; 10 mois pour les variétés d'hiver.

Légume très rustique, le poireau se consomme frais en hiver, mais il est possible d'en produire toute l'année.

Les variétés

■ Pour une récolte avant l'hiver : 'Furor', 'Géant précoce race Major', 'Gros long d'été', 'Tenor', 'Long du Midi', 'Maxim', 'Poribleu', Monstrueux de Carentan', 'Electra', 'Gros jaune du Poitou'.

■ Variétés rustiques résistantes au froid : 'd'hiver 2 race Vernor', 'Bleu de Solaize', 'de Saint-Victor', 'Arkansas', 'Winora', 'Corona', 'Malabar', 'Flipper'.

Semer

Semez en pépinière. Attention ! théoriquement, 10 g de semences permettent d'obtenir au moins 600 plants. Enterrez légèrement la graine au râteau et maintenez humide pour faciliter la levée et l'obtention d'un bon enracinement. La levée se fait entre 10 et 15 jours selon la température du sol.

Trois mois plus tard, lorsque les jeunes plants ont atteint la grosseur d'un crayon, arrachez-les et habillez-les en réduisant avec un couteau ou un greffoir les racines de moitié, ainsi que le tiers supérieur du feuillage.

Pour un meilleur entretien, plantez les poireaux en rangs espacés.

Planter

Labourez le sol et enfouissez pour 10 m² 50 kg de fumier bien décomposé additionné d'un engrais complet.

Tracez des rayons espacés de 30 à 40 cm et profonds de 10 cm environ. Effectuez la plantation au plantoir en espaçant les plants de 15 cm. Enterrez-les jusqu'à la naissance des feuilles et arrosez ensuite au goulot.

Apportez de l'engrais azoté au premier sarclage, soit environ trois semaines plus tard. Renouvelez l'opération un mois après. Les poireaux aiment les sols riche en azote et frais durant les périodes estivales.

Récolter

Récoltez les poireaux au fur et à mesure de vos besoins. La période de la récolte des poireaux est fonction de la période du semis : elle s'effectue entre cinq et huit mois après le semis.

Je conseille

« Je récolte mes poireaux à l'aide d'une fourche-bêche. L'hiver, je recouvre le sol avec de la paille ou des feuilles pour me permettre d'arracher les poireaux même par temps de gel. »

Pour récolter	Semez	Plantez	Conseils
Du 15 avril au 15 mai	Vers le 15 août		Semez clair directement en place.
Du 15 mai au 1er juillet	Vers le 15 septembre	Début mars	Semez sous châssis. Repiquez à 10 cm en tous sens.
En juin-juillet	Vers le 15 janvier	Vers le 15 avril	Semez à une température de 18 °C minimum.
En août-septembre	Vers le 15 février	Vers le 1er mai	Semez à bonne exposition, plein sud si possible.
En octobre-novembre	Courant mars	Début juin	
En hiver	Début mai	Fin juillet	Choisissez les variétés les plus résistantes au froid.
Fin février et mars	Fin mai	En août	

La pomme de terre

Solanum tuberosum Solanacées

Durée de culture :
3 à 5 mois à partir de la plantation.

La pomme de terre est une plante vivace cultivée comme une annuelle et qui aime les terres profondes.

Les variétés

Les variétés de pommes de terre sont classées en fonction de la durée de culture.

- Les variétés précoces (de 70 à 80 jours de culture) : 'Ostara', 'Belle de Fontenay', 'Amandine', 'Manon', 'Mistral', 'Starlette', 'Florette', 'Pomfine'.
- Les variétés semi-précoces (de 80 à 100 jours de culture) : 'Charlotte', 'BF 15', 'Nicola', 'Bintje', 'Blondy', 'Delikatess'.
- Les variétés semi-tardives (de 100 à 120 jours de culture) : 'Urgenta', 'Roseval', 'Ratte', 'Stella bella'.
- Les variétés tardives (de 130 à 150 jours de culture) : 'Rosa', 'Kerpondy'.

Planter

Avec une houe, ouvrez des sillons espacés de 60 cm et de 15 cm de profondeur. Déposez les tubercules, les germes tournés vers le haut, en les espaçant de 45 cm. Recouvrez de terre avec le râteau sans tasser.

Plantez mi-avril quand la terre est à une température de 10 °C minimum. Dans le Midi, plantez de janvier à mars et en Bretagne de février à mars. En Provence et en Corse, une plantation en août permet de récolter en hiver.

Il est préférable d'acheter vos tubercules pour éviter les maladies de dégénérescence et les viroses. Choisissez des tubercules germés vendus en clayettes.

Vous pouvez planter directement des tubercules non germés mais, si vous voulez hâter la culture de 15 jours environ, il est possible de les faire germer vous-même. Disposez-les sur des clayettes à la lumière et à une tem-

mémo

Le mildiou attaque, généralement en juin, la face inférieure des feuilles qui deviennent duveteuses, grisâtres, présentant ensuite des taches jaunâtres virant au brun. Elles finissent par se dessécher.
On traite préventivement avec une spécialité à base de cuivre

pérature inférieure à 10 °C. Au bout d'un mois, des germes courts et trapus apparaîtront.

Entretenir

Trois semaines après la plantation, effectuez un sarclage et apportez un engrais azoté. Encore trois semaines plus tard, procédez à un binage et à un léger buttage.

Lorsque les tiges ont atteint 25 cm de hauteur, buttez définitivement les pieds en ramenant la terre autour de chaque plante sur 20 cm de hauteur.

Récolter

Dès que les feuilles et les tiges jaunissent, arrachez les tubercules avec une fourche-bêche ou un croc. Comptez entre 1 et 2 kg par pied. Laissez-les sécher sur le sol 24 heures, puis rentrez-les en cave ou dans tout local sain, obscur, bien aéré, à une température entre 4 et 8 °C. Attendez quatre ans avant de replanter au même endroit.

Je conseille

« J'isole ma récolte du sol de ma cave en la plaçant une palette de récupération. J'évite de l'entasser à une hauteur supérieure à 50 cm. Pour les tubercules destinés à la consommation après le mois de décembre, je traite avec un antigerme. »

L'arrachage des pommes de terre doit s'effectuer avec les plus grandes précautions.

Le radis

Raphanus sativus Crucifères

Durée de culture : 3 à 8 semaines à partir des semis.

Le radis est le légume le plus facile et le plus rapide à cultiver. Peu exigeant, il est idéal pour initier les enfants à la culture potagère : dix-huit jours après le semis, on peut déjà récolter.

Semez de faibles quantités de graines à la fois pour une production échelonnée.

Le petit radis rose se croque en entier ; le radis noir, plus long, se mange en hiver, épluché et coupé en rondelles.

Les variétés

Le radis '18 jours' : le plus connu avec sa racine cylindrique demi-longue, rose à bout blanc bien marqué, le plus précoce des radis de pleine terre ; 'Apache' : à racine cylindrique, toutes les qualités pour l'amateur, saveur douce, qualité régulière ; 'Bamba' : de culture facile, chair blanche et très ferme ; 'Jolly' : rond, rouge écarlate, bonne qualité gustative ; 'Flamboyant' : ne se creuse pas et se développe rapidement, demi-long ; 'Noir gros long d'hiver' : très ferme, bonne conservation.

Semer

Le semis s'effectue du 15 mars au 15 septembre. La levée se produit seulement 4 à 5 jours après le semis. La tendreté du radis est liée à cette rapidité de végétation.

mémo

Les radis aiment les sols meubles profonds, sans cailloux et humifères. On peut apporter un peu de compost avant de semer.

Je conseille

« Pour les radis de printemps, qui ont un cycle végétatif assez court, je fais les semis en les associant avec des légumes de culture plus longue, tels les carottes, les laitues, les haricots. »

Le long du cordeau, tracez un sillon avec le manche du râteau. Semez les graines en les espaçant le plus possible et en les enterrant à 1 cm de profondeur. Écartez les lignes de 15 cm.

Dès que les plants ont quelques feuilles, éclaircissez en laissant 5 cm entre les jeunes plants. Un léger plombage s'impose. Recouvrez légèrement de terre, tassez doucement à l'aide du dos du râteau. Maintenez légèrement humide pour faciliter la levée.

Entretenir

Au printemps et en été, protégez les jeunes plantules des ardeurs du soleil par un paillage ou l'installation d'une ombrière. Réservez un emplacement demi-ombragé de façon à retenir au mieux les eaux de pluie ou d'arrosage. Arrosez doucement à l'arrosoir muni d'une pomme fine dès le semis, puis très régulièrement.

Ne lésinez pas sur les arrosages pour éviter les racines ligneuses à saveur piquante. Le radis est en effet une plante turgescente dont les cellules renferment 90 à 95 % d'eau. L'arrosage est également un moyen d'éloigner les altises (ou puces des jardins) qui criblent les feuilles de petits trous.

Évitez à vos radis la proximité des crucifères sauvages car la mouche du chou pond ses œufs à partir de mai et les larves creusent des galeries dans les racines et les rendent difformes.

N'utilisez pas d'engrais à base de fumier frais car il attire de nombreux parasites.

Récolter

La récolte est possible 3 ou 4 semaines après le semis. Récoltez en arrachant au fur et à mesure les plus beaux radis, ce qui permettra à ceux restant en place de mieux se développer.

Récoltez dès que les radis sont formés, avant que leur racine soit creuse ou ligneuse. Consommez-les rapidement après l'arrachage.

Les radis doivent se récolter à la grosseur idéale.
Ils deviennent vite ligneux si on tarde.

Durée de culture :
2 ans à partir
de la plantation
ou du semis.

La rhubarbe

Rheum rhaponticum Polygonacées

La rhubarbe est très décorative. De cette plante à souche vivace partent de très grandes feuilles à gros pétioles, que l'on consomme cuits pour faire des confitures, des compotes ou des tartes.

Les variétés de rhubarbe sont essentiellement d'origine anglaise. La plus appréciée est 'Reine Victoria' en raison de la grosseur de ses pétioles.

Le semis peut s'effectuer à deux périodes :

- en août-septembre, avec repiquage et hivernage sous châssis froid pour mise en place l'année suivante à 1,50 m de distance en tous sens ;
- de mars à mai, avec repiquage en pépinière tous les 25 cm, hivernage sur place et plantation en mars de l'année suivante.

Avant la plantation, il est préférable de diviser les souches en sectionnant les pieds qui ont donné les plus gros et les plus longs pétioles. La plantation se fait en mars-avril à 1,50 m de distance en tous sens.

La rhubarbe aime les terres saines, fraîches et profondément travaillées. Entretenez la terre propre par des binages et apportez une fumure tous les trois ans. Supprimez les tiges florales dès leur apparition.

Au printemps (en mai-juin), coupez les pétioles à ras de terre et éliminez le limbe de chaque feuille.

Laissez toujours quelques tiges sur le pied de rhubarbe à la récolte.

La tomate

Lycopersicum Solanacées

Durée de culture : 5 mois à partir des semis.

La tomate occupe une place prépondérante dans notre alimentation : il s'agit de la plante potagère la plus consommée au monde !

La tomate a un cycle de végétation relativement long pour que ses fruits atteignent une complète maturité. Sa culture est intimement liée au climat. Dans le Midi, elle peut être entreprise très tôt et mener à la fructification sans chaleur artificielle. Dans le Nord, il est parfois indispensable de protéger les plantes en fin de saison avec un abri.

Les tomates sont de jolies plantes que l'on peut cultiver dans de grands pots.

Les variétés

Parmi les variétés, citons tout d'abord les grands classiques :

■ 'Marmande' : variété particulièrement appréciée pour son goût parfumé et fruité, sa générosité et sa tenue exceptionnelle à la cuisson ; maturité fin juillet-début août.

■ 'Roma' : variété productive aux fruits allongés ; maturité de juillet à octobre.

■ 'Saint Pierre' : gros fruit rond et lisse ayant une production échelonnée ; maturité de juillet à octobre.

Toutefois, les tomates se suivent et se ressemblent trop. Il existe en effet de très nombreuses variétés à fort rendement, de grande résistance aux chocs, de bonne tenue à la conserve... Recherchez avant tout la qualité gustative des variétés récoltées à leur mûrissement optimum, et aussi leur originalité. Les variétés citées ci-après lient ses deux qualités.

■ Les tomates cerises pour les cocktails. : 'Brin de muguet', qui porte de nombreuses petites tomates res-

Je conseille

« La tomate a besoin d'arrosages réguliers. Après la mise en place, j'aménage une petite cuvette à la base du pied. J'arrose au goulot, avec de l'eau tiède.
Si nécessaire, je recouvre le sol de paille destinée à lui conserver son humidité. »

Étiolé : se dit des plantes qui, privées de lumière, n'acquièrent ni la consistance ni la couleur verte normales. Le phénomère se manifeste généralement par un excès d'élongation, une teinte jaunâtre, un nanisme des feuilles.

semblant à des clochettes de muguet ; ou encore 'Clémentine', mûrissant ses grappes acidulées à la mi-août.

- Les tomates au goût exceptionnel comme 'Miel du Mexique', qui reste longtemps sur le pied sans craquer ni ramollir, 'Orange Bourgoin', si douce et si sucrée qu'elle se passe d'assaisonnement, 'Joie de la table', tout un programme, 'Délicieuse de Burpée', au goût très fin.
- Les tomates originales parmi lesquelles 'Ananas', d'une saveur incomparable, 'Poivron jaune', à chair ferme, 'Pêche', à peau légèrement duveteuse, 'Mirabelle blanche', pour colorer les salades, 'Noire de Crimée', qui fructifie à base température, etc.

Planter

Réaliser un semis pour obtenir des tomates est très compliqué. Procurez-vous directement de jeunes pieds à mettre en place fin mai-début juin après avoir attendu que toute menace de gel soit écartée. Achetez des pieds chez un marchand grainetier, voire un fleuriste. Choisissez-les d'environ 20 cm de haut et bien trapus.

Dans le jardin, préparez le terrain en incorporant pour 10 m^2 30 kg de fumier décomposé additionné d'un engrais complet. Dans une jardinière ou un pot, mettez en place un nouveau terreau riche.

Espacez les pieds de 50-60 cm sur des lignes distantes de 80 cm à 1 m. Disposez des tuteurs de 1,50 m de hauteur si besoin et enterrez profondément les plants pour faciliter la naissance de racines adventives.

Si les plants sont **étiolés**, allongez-les dans le trou de plantation et relevez l'extrémité en l'attachant sur le tuteur.

Entretenir

Tailler des tomates les incite à produire davantage de fruits. Cela améliore leur précocité et renforce leur saveur. Taillez le bourgeon de prolongement au-dessus du deuxième bouquet ; un nouveau bourgeon de prolongement apparaîtra qui sera lui-même taillé au-dessus du

À l'approche de la récolte, supprimez les feuilles couvrant les fruits pour hâter le mûrissement.

deuxième bouquet de fleurs ; on conserve donc 4 bouquets de fleurs.

Pour les variétés vigoureuses et de fin de saison, taillez au-dessus du deuxième bouquet et constituez un deuxième étage avec 4 bouquets de fleurs : le pied sera donc constitué de 6 bouquets.

Faites une inspection régulière de la culture. Supprimez les faux bourgeons qui naissent à l'aisselle des feuilles et se développent au détriment des jeunes fruits.

Récolter

Prévoyez de 3 à 5 kg de tomates par plant selon les régions et les variétés. Les tomates se conservent quelques jours si elles ne sont pas trop mûres ; dans ce cas, exposez-les au soleil sur le rebord d'une fenêtre.

En fin de saison, les derniers fruits, sains mais pas tout à fait mûrs, seront cueillis et conservés dans un local de 12 à 15 °C de préférence. On suspendra les pieds entiers (variétés à petits fruits) attachés par la racine, la plupart des fruits finiront par mûrir.

Je conseille

« Je pulvérise de la bouillie bordelaise sur les feuilles dès la plantation en mai, après la reprise, puis en juin pour prévenir toute attaque de mildiou. »

CALENDRIER DES SEMIS ET PLANTATIONS, PÉRIODES DE RÉCOLTE

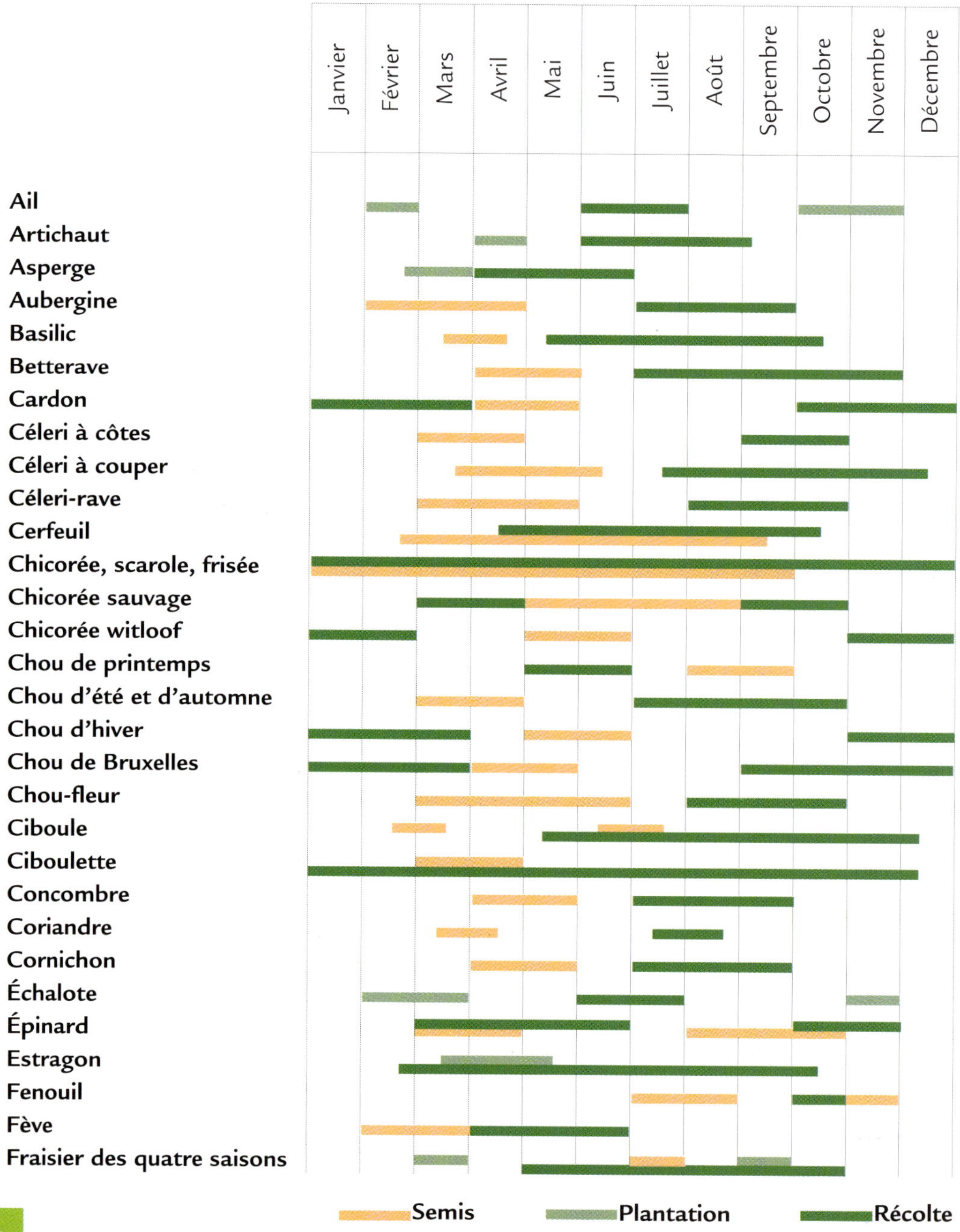

CALENDRIER DES SEMIS ET PLANTATIONS, PÉRIODES DE RÉCOLTE

Index

Dans la collection la Vie en vert

1. 12 mois au jardin **2.** Cultiver les petits fruits
3. 30 fleurs pour le balcon **4.** Des roses pour le jardin
5. 30 massifs à créer **6.** Semer, greffer, bouturer...
7. Les champignons des bois **8.** Les champignons des prés
9. Les plantes de la maison **10.** Choisir et planter un arbre
11. Créer un petit potager **12.** Réussir un jardin de ville
13. Arbres et arbustes du soleil **14.** Les couleurs au jardin

Nombreux titres à paraître

Crédits photographiques

Avec la collaboration de : Christine Grall
Maquette de couverture : Éric Mouton
Conception graphique : Éric Mouton
Réalisation : Véronique Sommeilly / S puissance 3

Photogravure : SNO - Ivry-sur-Seine
Achevé d'imprimer en janvier 2004
par IME - Baume-les-Dames